**SCHOLASTIC**

# News

### Nonfiction Readers® en español

# La vida en el bosque tropical

# Por Christine Taylor-Butler

Children's Press®
An Imprint of Scholastic Inc.
New York  Toronto  London  Auckland  Sydney
Mexico City  New Delhi  Hong Kong
Danbury, Connecticut

3 1907 00220 2223

Subject Consultant: Susan Woodward, Professor of Geography, Radford University, Radford, Virginia

Reading Consultant: Cecilia Minden-Cupp, PhD, Former Director of the Language and Literacy Program, Harvard Graduate School of Education, Cambridge, Massachusetts

Photographs © 2007: Corbis Images: cover background (Royalty-Free), 5 bottom left, 14 (Brian A. Vikander); Index Stock Imagery/Canstock Images Inc.: back cover, 4 top, 8; Minden Pictures: cover left inset, 5 top left, 11 (Tui De Roy), 21 top (Gerry Ellis), 5 top right, 7, 20 top, 23 bottom right (Michael & Patricia Fogden), 5 bottom right, 17 (Frans Lanting), 19 (Claus Meyer), 23 top right (Mark Moffett), 23 top left (Konrad Wothe), 21 bottom (Norbert Wu); Photo Researchers, NY: 23 bottom left (William Ervin), 20 bottom (Dan Guravich), cover center inset, 4 bottom right, 13 (Jany Sauvanet); photolibrary. com/Michael Fogden: cover right inset, 2, 15; Visuals Unlimited/Jacques Jangoux: 1, 4 bottom left, 9.

Book Design: Simonsays Design!
Book Production: The Design Lab

Library of Congress Cataloging-in-Publication Data

Taylor-Butler, Christine.
[Home in the rain forest. Spanish]
La vida en el bosque tropical / por Christine Taylor-Butler.
p. cm. — (Scholastic news nonfiction readers en español)
Includes bibliographical references.
ISBN-13: 978-0-531-20713-0 (lib. bdg.)    978-0-531-20647-8 (pbk.)
ISBN-10: 0-531-20713-7 (lib. bdg)    0-531-20647-5 (pbk.)
1. Rain forest ecology—Juvenile literature. I. Title. II. Series.
QH541.5.R27T4218 2008
577.34—dc22    2007050252

# CONTENIDO

# Caza de palabras

Busca estas palabras mientras lees. Aparecerán en **negrita**.

**hábitat**

**bosque tropical**

**arbustos**

**águila
harpía**

**jaguar**

**perezoso**

**tapir**

# ¿Qué lugar es éste?

Hay tantos árboles que apenas puedes ver el cielo.

Hace calor y hay humedad.

Un **jaguar** se escurre entre los arbustos. Una serpiente se desliza por la rama de un árbol.

¿Dónde estamos?

6

Los jaguares son felinos salvajes.

¡Estamos en un **bosque tropical** en América del Sur!

El bosque tropical es un tipo de hábitat. Un hábitat es el lugar donde vive un tipo de planta o animal.

**hábitat**

**En el bosque tropical hace calor durante todo el año.**

De arriba a abajo, el bosque está repleto de animales.

Las **águilas harpía** hacen sus nidos en las copas de los árboles más altos. Vuelan por encima de los árboles. También lo hacen los murciélagos y los halcones.

Las águilas harpía usan sus largas garras para atrapar serpientes, pájaros y monos.

En el próximo nivel están las copas de los árboles más pequeños. A esta altura, las copas de los árboles forman un techo gigante de hojas.

La mayoría de los animales del bosque vive en la copa de estos árboles. **Perezosos,** monos y serpientes son algunos ejemplos.

Los perezosos se mueven muy lentamente.

Los **arbustos** son plantas menos altas, y en ellas vive la rana arbórea de ojos rojos. Lagartos y mariposas preciosas también viven en esta área de sombra.

arbustos

Las patas de la rana arbórea de ojos rojos la ayudan a pegarse a las ramas y a las hojas.

¿Qué animales viven en el suelo del bosque? Los insectos viven en el suelo del bosque. Otros animales más grandes, como el oso hormiguero y el **tapir,** también viven en esa zona.

Los tapires son familia
de los rinocerontes.

¡El bosque tropical es un lugar extraordinario para explorar! Obsérvalo desde los árboles más altos hasta el suelo. ¡Podrás ver una anaconda como ésta y otros increíbles animales que viven en este hábitat!

19

# UN DÍA EN LA VIDA DE UN PEREZOSO

**¿Qué hace un perezoso la mayor parte del tiempo?** El perezoso se cuelga de los árboles.

**¿Qué come un perezoso?** El perezoso come hojas y frutas que crecen en los árboles.

**¿Quiénes son los enemigos del perezoso?** Sus enemigos son el águila harpía y el jaguar.

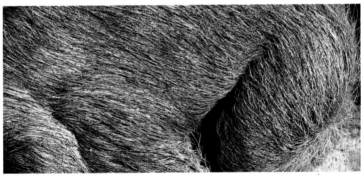

**¿Tiene el perezoso algún ardid especial para sobrevivir?** El perezoso se confunde con su entorno. En el pelo le crecen algas, unas plantas verdes que lo ayudan a camuflarse con las hojas de los árboles.

# NUEVAS PALABRAS

**hábitat** lugar donde viven animales o plantas

**águilas harpía** grandes águilas que viven en América Central y en América del Sur

**jaguar** felino de gran tamaño y de piel moteada conocido por su velocidad y fortaleza

**bosque tropical** zona de los trópicos poblada de árboles y mucha vegetación, donde llueve mucho

**arbustos** plantas de tallo leñoso y no muy altas que crecen cerca del suelo

**perezoso** mamífero de andar lento que vive la mayor parte del tiempo en los árboles

**tapir** mamífero parecido a un cerdo provisto de una trompa corta

# OTROS ANIMALES QUE VIVEN EN EL BOSQUE TROPICAL

**iguanas**

**hormigas cortadoras de hojas**

**tarántulas**

**tucanes**

# ÍNDICE

## UN POCO MÁS
**Libro:**
Greenwood, Elinor. *Rain Forest*. New York: DK Publishing, 2001.

**Página web:**
Rain Forest Heroes
http://www.rainforestheroes.com/

## SOBRE LA AUTORA:
Christine Taylor-Butler es la autora de veinticuatro libros de ficción y no ficción para niños. Christina se graduó del Instituto de Tecnología de Massachusetts. Actualmente vive en Kansas City, Missouri, con su esposo, sus dos hijas y un grupo de gatos negros traviesos. También tiene dos peceras.